우리를 구해 줘!

봄마중 과학동화

우리를 구해 줘!

조경희 글
이갑규 그림

봄마중

> 작가의 말

바다 친구들을 살려 주세요!

　드넓은 바다에는 무수히 많은 생물들이 살고 있어요. 우리 눈에 잘 보이지 않는 플랑크톤부터 몸집이 거대한 고래까지 오순도순 어울려 살아가고 있지요. 그런데 최근 바닷속 모습을 들여다보면 물고기보다 쓰레기가 더 많다고 해요.
　마트에서 시장을 보거나 문방구에서 물건을 살 때 담아 주는 검은 비닐봉지, 플라스틱 빨대, 종이컵, 알루미늄 음료수 캔, 필통, 가방, 축구공, 우산, 운동화, 책상,

의자, 장난감, 병뚜껑, 자동차 타이어……. 그야말로 쓰레기 천국이지요. 그러다 보니 물고기들이 쓰레기를 먹이로 착각해 삼키는 경우도 많고요.

물고기의 몸속이 쓰레기로 가득 차면 어떻게 될까요? 아마도 시름시름 앓다가 죽음을 맞이하게 되겠지요. 이 순간에도 우리가 함부로 버린 쓰레기 때문에 물고기들이 소중한 생명을 잃고 있어요.

여러분과는 전혀 상관없는 이야기라고요? 천만에요. 바다 생태계가 파괴되면 식물 플랑크톤과 해조류가 산소를 만들지 못해 산소가 줄어들고, 쓰레기로 오염된 물고기가 우리 식탁 오르게 되지요. 돌고 돌아 결국 우리에게 돌아오게 된답니다.

저는 고양이와 함께 살고 있어요. 고양이에게는 유통 기한이 지난 사료나 음식은 절대 주지 않아요. 사람은 아프면 "저, 아파요!"라고 말할 수 있지만, 동물은 말을 못 하기 때문이지요. 바다도 마찬가지예요. 사람들이 버린 쓰레기로 몸살을 앓아도 말을 못 하지요.

바다는 소중한 자원과 풍부한 먹거리를 제공해 줄 뿐만 아니라 온실가스를 흡수해서 지구 온난화를 막고, 이산화탄소를 산소로 바꾸어 깨끗한 공기로 만들어 주지요. 이렇게 바다는 지구를 지켜 주고 있어요.

이 이야기를 통해 바다 오염의 심각성과 바닷속 생물들이 겪는 아픔에 대해 생각해 보았으면 좋겠습니다.

바닷속 생물들에게 미안한

조경희

차례

사라지는 선생님과 친구들 • 8

먹보의 배 속 비밀 • 19

바닷속 플라스틱 • 32

쓰레기 범인을 찾아라 • 41

환경 초등학교 3학년 3반 조근우 • 51

잊어버리기 대장 • 61

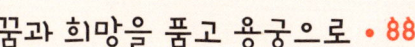

행운의 초대장 • 76

꿈과 희망을 품고 용궁으로 • 88

과학 지식 한 뼘 키우기 • 103

사라지는 선생님과 친구들

"차차야, 학교에 늦겠다. 얼른 일어나!"

부엌에서 엄마 목소리가 들렸다. 하는 수 없이 차차는 몸을 일으켜 거실로 나왔다. 밤새도록 커다란 바윗덩어리에 짓눌린 것처럼 몸이 무거웠다. 거실에 걸려 있는 벽시계를 보니 작은 바늘은 7과 8 중간에 걸쳐 있고, 큰 바늘은 6을 가리키고 있었다. 아침 일곱 시 삼십 분이었다. 그런데도 밖이 깜깜했다.

여덟 시가 되어 학교에 가기 위해 집을 나왔지만 여

전히 어둑어둑해서 앞이 잘 보이지 않았다. 날마다 오고 가는 길이라서 천만다행이었다. 요즘은 밤에도 낮에도 바닷속이 깜깜했다.

교실 문을 열고 안으로 들어갔다. 이가 빠진 것처럼 군데군데 빈 자리가 보였다.

"점박이, 오목이, 삐뚤이, 깐깐이, 툴툴이, 수염고래 선생님……."

차차는 주인을 잃은 빈 책상을 보면서 친구들의 얼굴을 하나하나 떠올려 보았다.

"이럴 줄 알았으면 툴툴이에게 조금 더 친절할 걸 그랬어."

수학이 어렵다고 툴툴, 수염고래 선생님의 잔소리가 심하다고 툴툴, 청소 시간이 너무 길다고 툴툴, 급식으로 나온 물고기가 맛없다고 툴툴……. 모든 일에 투덜거리던 툴툴이마저 그리웠다.

"오, 늘, 은, 또, 누, 가, 사, 라, 질, 까?"

앞자리에 앉아 있던 느림보가 뒤를 돌아보면서 느릿느릿 말했다. 어느새 학교에는 선생님들도 절반, 아이들도 절반으로 줄었다. 선생님이 부족해서 차차네 반은 며칠째 자습만 하고 있었다.

"비실이가 왜 학교에 오지 않았을까? 차차야, 나랑 같이 비실이네 집에 가 보자."

학교가 끝나고 교문을 나서는데 먹보가 허겁지겁 헤엄쳐 오면서 말했다. 그렇지 않아도 비실이가 걱정이 되어 가 보려던 참이었다. 차차는 좋다는 뜻으로 먹보를 향해 고개를 끄덕였다.

"좋다는 거야, 싫다는 거야?"

차차가 고개를 끄덕이는 것을 보지 못한 모양인지 먹보가 다그쳐 물었다. 아마도 주변이 컴컴해서 잘 보지 못한 모양이었다.

"마침 나도 비실이네 집으로 가려던 참이었어. 우리 같이 가자."

먹보가 알아들을 수 있게 큰 소리로 말했다. 차차가 먼저 팔을 휘젓자 먹보도 두 팔을 버둥거리면서 물살을 가르기 시작했다.

"헉헉헉!"

얼마 가지 않아 숨쉬기가 힘들었다. 가슴이 답답하고 바닷물에서 고약한 냄새가 났다. 숨을 쉴 때마다 속이 울렁거리고, 머리가 어질어질했다. 그때였다. 몸통이 까맣고 양쪽 귀가 손잡이 모양처럼 이상하게 생긴 물고기가 차차의 눈앞에서 알짱거렸다.

"우아, 처음 보는 물고기잖아. 무슨 맛인지 어디 한번 먹어 볼까?"

마침 잘 되었다는 듯이 먹보가 입을 크게 벌리며 달려들었다. 먹보는 귀가 손잡이처럼 생긴 검은 물고기를 꿀꺽 삼켰다. 요즘 바닷속 모습을 보면 예전에 살던 물고기들은 눈에 띄게 줄고, 처음 보는 새로운 것들이 넘쳐났다. 머리에 뻣뻣한 수염이 달린 녀석, 목이 구부러진 녀석, 지느러미가 수백 개 달린 녀석, 커다란 해파리처럼 생겼는데 다리에 손잡이가 달린 녀석, 머리에 세 개의 뿔이 달린 녀석 등 처음 보는 물고기들로 차고 넘쳤다.

"배부르게 잘 먹었다!"

이것저것 닥치는 대로 먹어 치운 먹보가 보름달처럼 동그란 배를 통통 두드리면서 만족스러운 미소를 지었다. 먹보는 먹을 것만 보면 욕심을 부리며 먹다 보니 배가 풍선처럼 부풀어 있었다.

"아이고 배야! 아이고 배야!"

먹보가 갑자기 배를 움켜쥐면서 데굴데굴 굴렀다.

"먹보야, 정신 좀 차려봐. 응?"

차차는 먹보를 달래었지만 아무 소용이 없었다. 그러더니 가려운 듯 온몸을 벅벅 긁기 시작했다. 어느새 빨간 점처럼 생긴 물집이 몸을 뒤덮었다. 마치 먹보의 몸이 멍게에게 점령당한 것처럼 보였다.

"먹보야, 빨리 내 등에 업혀!"

차차는 먹보를 등에 업고 병원으로 쌩 헤엄쳐 갔다.

"끄륵, 끄르륵, 끄르르륵!"

먹보의 배에서 천둥소리가 났다. 병원에 도착하자 불가사리 의사 선생님이 허둥지둥 달려 나왔다. 의사 선생님은 귀에 청진기를 꽂은 다음 먹보의 배에 댔다. 의사 선생님의 이마에 굵은 주름이 잡혔다.

"배 속에 무엇이 들어 있는지 엑스레이를 찍어봐야 알 것 같구나."

의사 선생님이 귀에서 청진기를 빼면서 말했다. 간호사들이 먹보를 엑스레이 촬영실로 옮겼다. 차차는 문 앞

에 털썩 주저앉았다.

"흐헝!"

먹보가 죽을까 봐 왈칵 울음이 쏟아졌다.

"흠······."

먹보의 엑스레이 사진을 꼼꼼하게 살펴본 의사 선생님은 턱을 문지르면서 깊은 한숨을 내 쉬었다. 차차와 먹보의 눈이 동시에 엑스레이 사진으로 향했다.

먹보의 배 속은 귀가 손잡이처럼 생긴 검은 물고기, 머리에 뻣뻣한 수염이 달린 녀석, 목이 구부러진 녀석, 지느러미가 수백 개 달린 녀석, 커다란 해파리처럼 생겼는데 다리에 손잡이가 달린 녀석, 머리에 세 개의 뿔이 달린 녀석들로 가득 차 있었다.

"과학책에서 읽었는데, 먹이가 배 속에 들어가면 소화 과정을 걸쳐서 똥이 되는 것 아닌가요?"

차차는 며칠 전에 읽은 《세상에서 가장 멋진 똥!》이라는 과학책 내용을 기억해 냈다. 먹이를 잡아먹으면 위나

장에서 필요한 영양소를 흡수한 다음, 찌꺼기는 똥이 되어 몸 밖으로 내보낸다는 내용이었다. 그런데 과학책이 틀린 것일까? 먹보의 배 속으로 들어간 먹이는 소화가 되지 않고 원래 모습 그대로였다.

먹보 배 속의 비밀

"과학책이 틀린 것이 아니란다. 먹보의 배 속에 든 것은 먹이가 아니라 사람들이 버린 쓰레기야."

의사 선생님이 걱정이 가득한 얼굴로 말했다.

"쓰레기라고요?"

차차와 먹보는 동시에 두 눈을 동그랗게 떴다.

의사 선생님은 입을 꾹 다문 채 고개만 끄덕였다.

"쓰레기는 못 쓰게 되어 버리는 물건을 말하는 거잖아요?"

먹보는 이해가 되지 않았다. 자신의 배를 아프게 한 원인이 사람들이 버린 쓰레기라는 사실이 믿어지지 않았다.

"아무거나 닥치는 대로 먹어대더니만, 이제 쓰레기까지……. 먹보 너, 혹시 바보냐?"

차차가 먹보를 놀렸다. 하지만 아무도 웃지 않았다.

"먹보가 유별난 식성을 가져서 쓰레기를 먹은 것은 아니야. 바다에 둥둥 떠다니는 플라스틱이 꼭 물고기처럼 보여 먹기도 하고, 쓰레기에 덕지덕지 붙어 있는 플랑크톤에서 맛있는 냄새가 솔솔 나기도 하고, 다른 물고기를 먹을 때 함께 입 안으로 딸려 들어오기도 하거든."

"휘유!"

의사 선생님의 말을 잠자코 듣고 있던 먹보가 한숨을 폭 내쉬었다. 미련스럽게 먹을 것을 밝힌다는 핀잔을 듣게 될까 봐 조마조마하던 마음이 내려앉았다.

"먹보의 배 속에 들어있는 쓰레기들을 한 번 살펴볼

까? 먹보가 검은 물고기로 착각해서 삼킨, 귀가 손잡이처럼 생긴 물건은 사람들이 물건을 담을 때 사용하는 '비닐봉지'란다. 그리고 머리에 뻣뻣한 수염이 달린 것은 이를 닦을 때 사용하는 '칫솔'이고, 목이 구부러진 물건은 음료를 마실 때 사용하는 '빨대'고, 지느러미가 수백 개 달린 물건은 '먼지 털이'이고, 커다란 해파리처럼 생겼는데 다리에 손잡이가 달린 물건은 빗방울을 막기 위해 사용하는 '우산'이고, 머리에 세 개의 뿔이 달린 물건은 사람들이 음식을 먹을 때 사용하는 '포크'야. 대부분 플라스틱으로 만들어진 물건이지."

의사 선생님이 엑스레이 사진을 손가락으로 짚어가면서 하나하나 설명해 주었다.

"플라스틱은 소화가 안 된다고 하셨는데 그럼 저는 이제 어떻게 해요? 계속 배 속에 쓰레기를 담고 살아야 해요?"

먹보가 금방이라도 울 것 같은 얼굴을 하고 물었다.

"플라스틱을 먹으면 몸속에서 어떤 일이 일어날 것 같니?"

의사 선생님이 되물었다.

"배가 아프고, 온몸이 빨간 물집으로 뒤덮이고……."

먹보는 울먹이는 목소리로 자신이 겪은 일을 이야기했다. 울음이 폭발하기 직전이었다.

"그것뿐만 아니야. 배 속이 플라스틱이나 쓰레기로

가득 차 있으니 배가 부르다고 착각해서 더 이상 먹이를 먹지 않게 되지. 플라스틱이나 쓰레기는 영양가가 없어. 그러니 몸에 필요한 영양소가 부족해 건강을 잃을 수도 있지. 또 플라스틱이나 쓰레기가 목구멍이나 위장 같은 소화관을 막아서 소중한 생명을 잃을 수도 있고, 플라스틱의 해로운 성분이 몸속으로 들어가서 이상이 생기면 짝짓기가 어려워지고, 암컷과 수컷 중에 어느 한쪽의 수가 지나치게 많아져서 멸종하는 생물이 생겨나기도 한단다."

차차와 먹보는 조용히 숨죽인 채 의사 선생님의 말에 귀를 기울였다.

"그래서 물고기들이 사라진 거네요. 친구들도……. 그럼, 저도 멸종되는 거예요? 흐헝!"

결국 먹보가 울음보를 터트리고 말았다. 차차는 먹보의 마음이 충분히 이해되었다. 만약 자신이 먹보라고 해도 울음을 참을 수 없을 것 같았다. 그나마 자신은 쓰레기를 먹지 않았으니 천만다행이었다.

"배 속에 플라스틱 쓰레기가 없다고 해서 마음을 놓을 수는 없어."

어떻게 알았는지 차차의 속마음을 눈치챈 의사 선생님이 다시 입을 열었다.

"아주 오래된 플라스틱은 바람을 맞고, 따가운 햇볕에 쪼이고, 바위나 돌멩이에 부딪혀 깨지고, 밟히는 과정에서 찢어지거나 쪼개지기도 하거든. 시간이 흐를수록 아주아주 작은 조각으로 쪼개지고 부서져 눈에 보이지 않는 미세 플라스틱이 되지. 그러니 자신도 모르는 사이에 플라스틱을 삼켰을 수도 있단다. 지금 바다는 물고기 반, 쓰레기 반이라고 할 만큼 쓰레기로 몸살을 앓고 있거든. 얘들아, 비닐봉지가 썩어 없어지려면 시간이 얼마나 걸릴 것 같니?"

의사 선생님의 물음에 차차는 손가락 하나를 펼쳤다. 일 년이라는 뜻이었다. 먹보는 손가락 두 개를 펼쳤다.

의사 선생님이 고개를 절레절레 흔들면서 손가락 세 개를 펼쳤다.

"삼 년이요?"

차차와 먹보가 동시에 물었다.

"아니, 자그마치 삼십 년이 걸린단다."

"헉!"

너무나 놀라서 차차의 입이 떡 벌어졌다. 먹보의 울음소리도 뚝 멎었다.

"얇은 비닐봉지가 썩는 데 삼십 년이나 걸린다고요? 그렇다면 칫솔은 얼마나……."

차차는 말을 끝까지 잇지 못했다.

"오백 년 정도 걸리지."

의사 선생님이 짧게 대답했다.

"플라스틱이 저보다 훨씬 오래 사는 거네요. 그 말은 곧 제가 죽을 때까지 플라스틱을 배 속에 담고 살아야 한다는 뜻인가요? 흐헝!"

먹보가 또다시 울음을 터트렸다.

"말로 설명하기보다 직접 눈으로 보는 것이 좋겠구나. 따라와 보렴."

의사 선생님이 진료실 문을 열고 나갔다. 차차가 먹보의 휠체어를 밀면서 따라갔다. 의사 선생님을 따라간 곳은 병실이었다. 병실 안으로 들어가자 사라진 아이들과 수염고래 선생님의 모습이 나타났다.

"점박아, 오목아, 삐뚤아, 깐깐아, 툴툴아, 비실아, 그리고 수염고래 선생님……."

차차와 먹보는 친구들과 선생님을 보고 좋아서 와락 달려들었다. 배가 아파서 옴짝달싹 못 하던 먹보가 벌떡 일어나 두 팔을 허우적거리면서 선생님의 품 안으로 달려들었다.

"도대체 어떻게 된 일이야? 왜 모두 병원에 모여 있는 거야?"

차차가 숨 돌릴 틈도 없이 질문을 퍼부었다.

"나는 어부들이 버린 그물에 걸려서 몸이 이렇게 되고 말았어."

목까지 덮고 있던 이불을 제치자 점박이의 몸통이 드러났다. 동글동글하던 점박이의 등껍질이 땅콩 모양으로 변해 있었다. 아마도 그물이 몸통 한가운데를 조인 모양이었다.

'그물이 조금만 더 세게 조였다면, 점박이의 몸이 두 동강이가 났을 수도…….'

끔찍한 생각을 털어내기 위해 차차는 고개를 세차게 저었다.

"나는 보통 때처럼 숨을 들이쉬었다 내쉬었다 했을 뿐인데 빨대가 콧구멍에 꽂혀서 죽다가 살았어."

오목이가 손으로 자신의 콧구멍을 가리키면서 말했다. 오목이의 왼쪽 콧구멍에는 솜이 끼워져 있었다. 하얀 솜이 붉은 피로 물들어 있었다. 엑스레이 사진에서 보았던 빨대를 떠올리자 차차의 몸이 부르르 떨렸다.

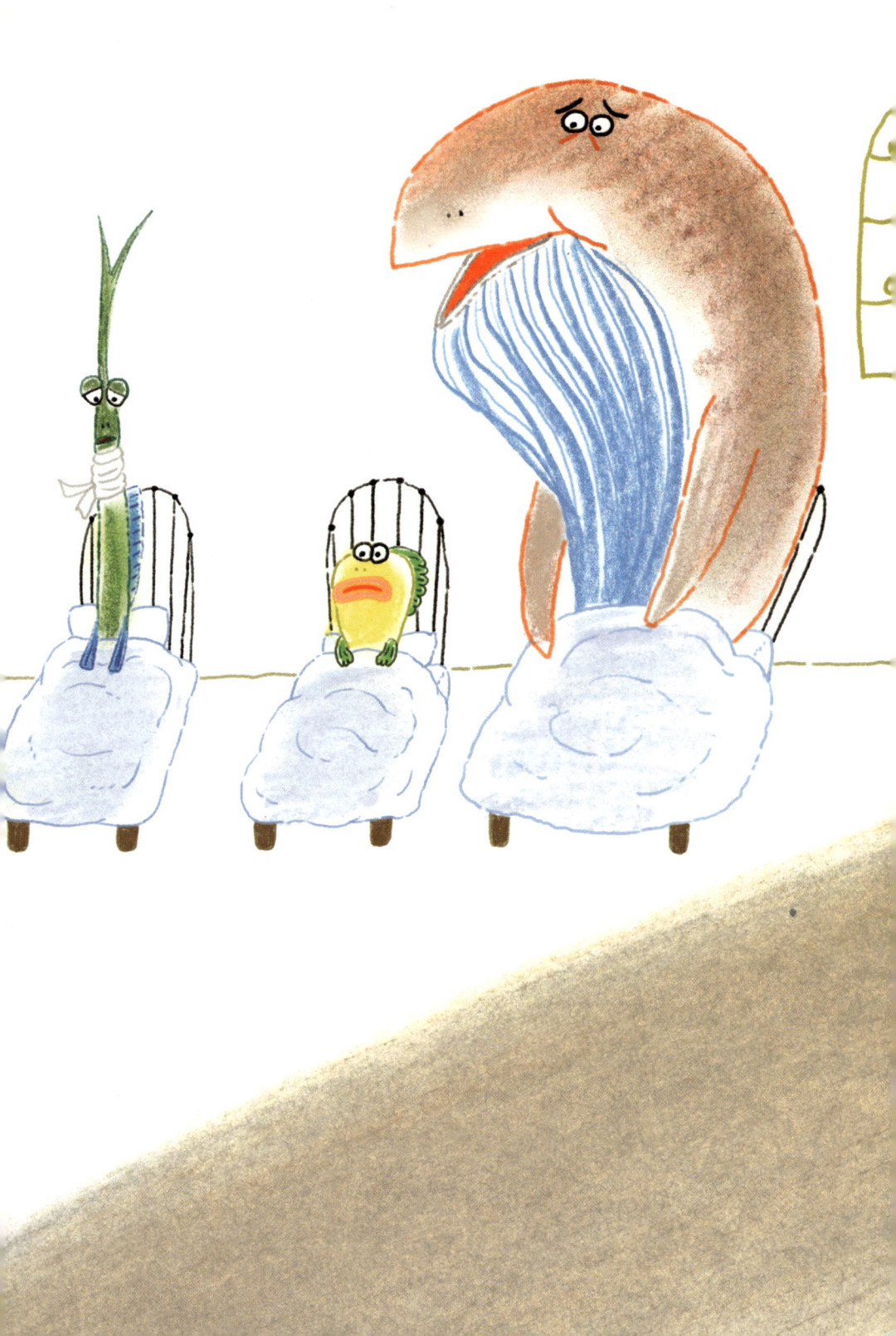

코딱지를 파다가 손가락으로 콧구멍을 잘못 찌르기만 해도 아파서 눈물이 핑 돌 지경인데 빨대처럼 기다란 물건이 콧구멍에 꽂힌 상상을 하자 온몸에 오소소 소름이 돋았다. 오목이는 말을 하면서도 계속해서 왼쪽 콧구멍에 솜을 갈아 끼웠다. 워낙 상처가 깊어서 코피가 멈추지 않는 모양이었다. 오목이의 침대 아래에 놓여 있는 휴지통을 보니 피 묻은 솜뭉치가 산더미처럼 쌓여 있었다.

"나는 먹이인 줄 알고 플라스틱 병뚜껑을 꿀꺽 삼켰다가 목구멍이 막히는 바람에…… 캑캑캑!"

삐뚤이가 말을 끝까지 맺지 못하고 마른기침을 했다. 삐뚤이의 목에는 하얀 붕대가 칭칭 감겨 있었다.

"수염고래 선생님은 배 속의 아기를 잃었어. 배 속이 플라스틱 쓰레기로 가득 차서 아기가 자랄 수 없었대."

깐깐이가 수염고래 선생님을 대신해서 말했다. 수염고래 선생님의 두 눈에서 눈물이 출렁였다. 선생님은 말없이 차차와 먹보를 꼭 끌어안아 주었다.

"나는 플라스틱이 세상에서 제일 싫어!"

툴툴이가 투덜거렸다.

바닷속 플라스틱

먹보도 친구들과 선생님이 있는 병실에서 잠시 입원하기로 했다.

"선생님, 플라스틱은 왜 몸에 해로운가요?"

병실을 나오면서 차차가 물었다.

"플라스틱을 만드는 원료 때문이란다. 플라스틱은 석탄과 석유에서 얻은 물질로 만들어지거든. 석탄이나 석유는 캐낸 다음 바로 사용할 수 없어. 섞여 있는 흙이나 필요 없는 성분을 걸러서 쓰임에 맞게 만들어 써야 하지. 쓰임에 맞게 새롭게 만드는 과정을 '정제'라고 하는데, 바로 정제하는 과정에서 버려진 물질로 만든 것이 플라스틱이란다. 지독한 냄새 때문에 버림받던 물질이 플라스틱으로 변신할 거라고는 아무도 상상하지 못한 일이었지."

차차는 의사 선생님의 말을 모두 다 알아들을 수는 없었지만, 플라스틱의 원료를 석탄과 석유에서 얻었다는 사실만큼은 머릿속에 콕 박히는 것 같았다. 차차는 책에서 읽은 석탄과 석유의 성질을 떠올려 보았다. 자세히 기억나지는 않지만 먹을 수도 없고, 냄새를 맡는 것만으로도 몸에 해롭다는 내용이었던 것 같다.

"도대체 사람들은 해로운 플라스틱을 왜 만들어 쓰는 거예요?"

아무리 생각해도 이해가 되지 않았다.

"플라스틱이 버려진 물질로 만든 것이라고 말했지?"

의사 선생님이 물었다.

"네."

차차는 자신 있게 고개를 끄덕였다.

"그래서 값이 매우 싸거든. 게다가 쉽고 편하게 만들 수 있기 때문에 그때그때 쉽게 사고, 쉽게 버리는 거지."

차차는 비닐봉지, 컵, 빨대와 같이 생긴 모양도 쓰임
새도 다른 물건을 어떻게 쉽게 뚝딱 만들어 낼 수 있는

지 궁금했지만 의사 선생님의 말을 끊기가 조심스러워서 잠자코 듣기만 했다. 그런 차차의 마음을 거울로 들여다보기라도 한 것처럼 의사 선생님이 궁금증을 해결해 주었다.

"플라스틱 원료에 원하는 색소를 넣고 잘 섞은 다음 틀에 부어 열과 압력을 가하면 원하는 물건을 마음대로 만들 수 있단다. 틀에 넣고 찍어내니 붕어빵처럼 한 번에 많이 만들어 낼 수 있지. 또 플라스틱은 유리처럼 쉽게 깨지지도 않고, 가벼워서 가지고 다니기 편리하고, 열이나 전기가 통하지 않기 때문에 안전하고, 물에 젖지도 않고, 과자봉지처럼 얇게 만들 수도 있고, 쉽게 구겨지지 않는 옷이나 양말을 만들 수도 있지. 이렇다 보니 싸고 편리한 플라스틱의 매력에 빠지지 않을 사람이 누가 있겠니?"

의사 선생님의 말에 차차는 저절로 고개가 끄덕여졌다. 차차라도 플라스틱을 사용하지 않을 자신이 없었다.

"하지만 플라스틱은 심각한 단점을 가지고 있단다. 무엇일까?"

의사 선생님이 물었다.

"값이 싸고, 만들기도 쉬운 만큼 쉽게 쓰고, 쉽게 버려지는 것이요!"

차차가 일 초의 망설임도 없이 대답했다.

"맞는 말이지만, 그것보다도 더 심각한 단점은 잘 썩지 않는다는 거야. 플라스틱은 만드는 데 오 초, 사용하는데 오 분, 썩는 데 오백 년이나 걸린단다."

"그렇게나 오래 걸려요?"

정답을 놓친 것이 아쉬우면서도 먹보의 배 속에 든 쓰레기가 오백 년 동안이나 썩지 않을 것이라는 생각을 하자 숨이 멎을 것 같았다.

"병원에 있는 친구들과 수염고래 선생님은 어떻게 되는 건가요? 친구들과 수염고래 선생님이 다시 건강해질 수 있을까요?"

차차가 금방이라도 울음을 팡 터트릴 것 같은 얼굴로 물었다. 친구들을 다시 볼 수 없게 될까 봐 마음이 조마조마했다.

"최선을 다해서 치료할 테니 걱정하지 않아도 돼. 며칠 전에는 오징어가 욱신욱신 안 아픈 곳이 없다면서 병원을 찾아왔는데 엑스레이 사진을 찍어 보니 눈에 보이지 않는 미세 플라스틱 조각이 몸 곳곳에 깊숙이 박혀 있더구나. 결국 이백 개가 넘는 플라스틱 조각을 찾아 빼내 주었어."

"정말 다행이에요."

차차는 친구들과 선생님을 잃을 염려가 없다는 생각에 마음이 놓였다.

"그만 가 볼게요. 안녕히 계세요."

차차가 의사 선생님을 향해 고개를 숙였다.

"대낮인데도 밖이 어둑어둑하구나. 조심해서 가렴."

"선생님!"

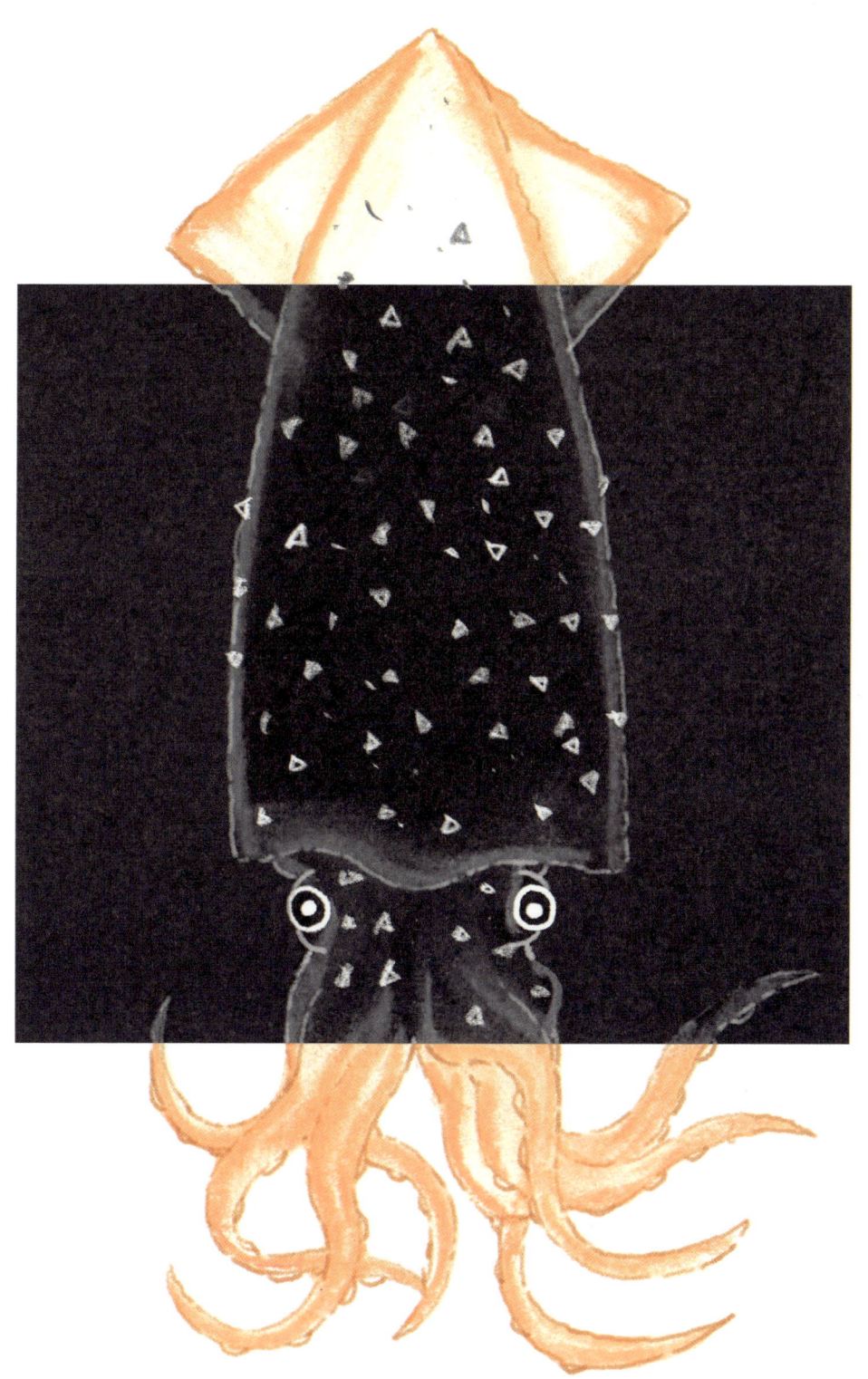

돌아서려던 차차가 의사 선생님을 불렀다.

"혹시 대낮인데도 바닷속이 어두운 것도 쓰레기와 관련이 있나요?"

"그렇단다."

의사 선생님이 무겁게 고개를 끄덕이면서 대답했다.

"바다 위에 둥둥 떠 있는 쓰레기 더미가 햇빛을 가로막고 있기 때문이야. 이대로 계속 가다가는 햇빛이 들지 않아 바다 식물들이 모두 죽게 될 거야. 햇빛뿐만 아니라 산소가 들어오는 것도 막아서 숨쉬기가 점점 어려워지고 있거든."

학교를 오고 갈 때 캄캄하던 이유와 몇 발짝만 걸어도 숨이 찼던 궁금증이 한꺼번에 풀렸다.

쓰레기 범인을 찾아라

집으로 돌아가던 차차는 산호초 앞에서 멈춰 섰다. 산호초 기둥에 붙어 있는 광고지가 눈길을 붙잡았기 때문이다. 차차는 광고지에 적힌 글씨를 읽기 위해 눈을 왕단추처럼 동그랗게 떴다. 원래 시력이 좋지 않은 데다 바닷물마저 거무스름해서 글씨가 멀리 있는 것처럼 희미하게 보였다. 차차는 눈꺼풀을 오므렸다 폈다 반복했다. 두 눈을 백 번쯤 깜박거렸을 때였다. 겨우 광고지에 적힌 글씨를 읽을 수 있었다.

> 공주의 병을 낫게 하는 자에게 큰 상을 내리겠음.
> - 동해 용왕 -

 광고지 구석구석에는 따개비가 다닥다닥 붙어 있었고 동해 바다의 임금님, 그러니까 동해 용왕의 눈물 자국도 찍혀 있었다. 용왕에게 하나밖에 없는 딸, 그러니까 공주님의 병이 소문으로 듣던 것보다 훨씬 심각한 모양이었다.

 "당장 용궁으로 가봐야겠어!"

차차는 용궁을 향해 헤엄쳐 갔다. 팔을 휘저으면서 차차는 '별주부전' 이야기를 떠올렸다. 별주부전은 아주 오랜 옛날, 용왕의 병을 낫게 하기 위해 토끼의 간을 구하러 땅 위로 올라간 자라 이야기다.

별주부의 '주부'는 6품 벼슬이다. 1품에서 9품 벼슬 사이에 낀, 그저 그런 별 볼 일 없는 벼슬자리라고 할 수 있다. 6품 벼슬아치들을 통틀어서 '주부'라고 불렀는데 거기에 자라를 뜻하는 한자 '별(鼈)'자를 붙여서 '별주부'가 된 것이다. 벼슬자리에 걸맞게 그리 잘나지도 않고, 사는 형편도 그저 그런 평범한 자라였다.

그런데 용왕의 병 덕분에 유명해졌다. 그의 이름 앞에는 언제나 용감한, 지혜로운, 똑똑한, 충성스러운, 세상에서 가장 오래 산, 위대한과 같은 온갖 좋은 말들이 붙어다녔다. 차차와 같은 자라들은 어린 시절부터 별주부 이야기를 귀에 못이 박히도록 듣고 자랐다. '별주부전'은 교과서에도 실려 있어 모르는 이가 없다. 차차는 이번 기회에 공주의 병을 고쳐 별주부만큼 유명해지고 싶었다.

용궁에 도착한 차차는 곧바로 용왕 앞으로 안내되었다.

"가까이 오너라!"

용왕이 손짓으로 차차를 불렀다. 용왕의 얼굴은 근심과 걱정으로 가득 차 흙빛이었다. 차차는 가까이 다가가 공주의 병을 살펴보았다. 먹보처럼 공주의 몸에도 발긋발긋한 물집이 뒤덮여 있었다.

"네가 보기에 병의 원인이 무엇인 것 같으냐?"

차차는 의사 선생님에게 들었던 이야기를 하나도 빠짐없이 말했다. 용왕은 숨 쉬는 것도 잊은 채 차차의 이야기에 귀를 기울였다.

"흠, 공주의 병이 인간들이 버린 쓰레기 때문이란 말이지!"

이야기를 끝까지 다 듣고 난 용왕이 말했다.

"네."

차차가 대답했다.

"그러면 물고기들을 시켜서 당장 쓰레기를 치우면 되겠구나."

흙빛이던 용왕의 얼굴이 밝아졌다.

"제 생각에는 좋은 방법이 아닌 것 같아요. 물고기들이 쓰레기를 치우는 동안에도 인간들은 계속해서 쓰레기를 버릴 테니까요. 아마도 쓰레기를 치우는 속도보다 버리는 속도가 훨씬 더 빠를걸요?"

"흠……. 그럼 어떻게 하면 좋겠느냐?"

용왕의 얼굴이 다시 흙빛이 되었다.

"제 생각에는 쓰레기를 함부로 버린 범인을 찾아서 벌을 내리는 것이 좋을 것 같아요."

"범인을 어떻게 찾는단 말이냐?"

"범인은 항상 흔적을 남기는 법이니까 쓰레기를 검사해 보면 반드시 증거를 찾을 수 있을 거예요."

"오호, 그럴듯하구나!"

용왕이 무릎을 탁! 치면서 말했다. 용왕은 신하들을 한자리에 모았다.

"모두 차차의 명령에 따라 쓰레기를 버린 범인을 찾아내도록 하시오. 어리다고 차차를 무시하거나 명령에 따르지 않으면 큰 벌을 내릴 테니 그리 아시오."

용왕의 말에 신하들이 알았다는 뜻으로 고개를 깊이 숙였다. 차차는 신하들을 이끌고 물 위로 올라갔다. 물 위는 정말이지 발 디딜, 아니 고개를 내밀 틈도 없이 쓰레기가 산더미처럼 쌓여 있었다.

"제조국 대한민국이 무슨 뜻이에요?"

플라스틱 병을 요리조리 뜯어보던 차차가 1품 신하에게 물었다. 벼슬이 제일 높은 만큼 가장 똑똑할 것 같았기 때문이다.

"대한민국이라는 나라에서 만든 물건이라는 뜻이지."

1품 신하가 친절하게 알려 주었다.

"손에 잡히는 쓰레기마다 대한민국이라는 글자가 박혀 있어요. 대한민국 사람들이 버린 쓰레기가 가장 많다는 뜻이겠죠?"

차차가 고무장화 바닥에 찍힌 '대한민국'이라는 글자를 손으로 집으면서 궁싯거렸다. 만든 나라별로 쓰레기를 분리했더니 과연 대한민국에서 버린 쓰레기가 가장 많았다. 특히 환경 초등학교 3학년 3반 조근우가 버린 쓰레기가 꽤 눈에 띄었다.

사실, 이름이 적혀 있지 않았기 때문에 주인을 알 수 없는 쓰레기가 대부분이었다. 그런데 유독 '조근우'라는 이름이 자주 보였다.

청개구리가 그려진 크레파스, 튼튼하게 생긴 노란 가방, 멀쩡한 흰 운동화, 포장지도 벗기지 않은 필통, 쓰다만 공책, 쓸 만한 연필 같은 물건에 '환경 초등학교 3학년 3반 조근우'라는 이름 스티커가 붙어 있었다.

"환경 초등학교 3학년 3반에 다니는 조근우가 쓰레기 왕이네요!"

큼지막한 이름 스티커가 붙어 있는 우산을 빙그르르 돌리면서 차차가 말했다.

환경 초등학교 3학년 3반
조근우

"몸 건강하게 잘 다녀오렴."

"모르는 사람을 절대로 따라가면 안 된다."

"공주의 목숨이 차차 너의 손에 달렸구나. 부디 너만 믿으마."

차차는 가족들과 동해 용왕의 응원을 받으면서 환경 초등학교 3학년 3반 조근우를 찾아 길을 나섰다.

이름이 적힌 쪽지를 등껍질 속에 넣고 땅 위로 올라간 차차는 처음 보는 땅 위 모습에 정신을 잃을 지경이었다. 향기가 나는 꽃들도 신기하고, 생긴 모습이 각기 다른 돌멩이들도 신기하고, 볼볼볼 땅바닥을 기어 다니는 개미들도 신기하고, 하늘을 날아다니는 새들의 모습도 신기했다.

"공주님의 병이 깊은데 한눈을 팔면 안 되지!"

차차는 마음을 다잡았다.

"씽씽, 쌩쌩……."

자동차들이 지나갈 때마다 차차는 움찔 멈춰 섰다. 엉금엉금 걷다가 움찔 멈춰 서기를 수도 없이 반복하고 나자 몸에서 힘이 쪽 빠졌다. 차차가 기진맥진해서 팔다리를 축 늘어뜨린 채 길바닥에 널브러져 있을 때였다.

"에잇, 화딱지 나!"

무슨 일인지 단단히 화가 난 남자아이가 차차를 힘껏 걷어찼다. 아마도 돌멩이로 착각한 모양이었다. 차차는 하늘 높이 부우웅 떠올랐다가 툭 떨어졌다. 남자아이에게 걷어차인 엉덩이와 바닥에 떨어질 때 땅바닥에 닿은

뱃가죽에서 불이 붙는 것 같았다. 차차는 눈물이 핑 돌았다.

"엄마는 호영이만 예뻐해!"

남자아이가 씩씩거리면서 걸어오더니 또 힘껏 걷어찼다. 차차는 또다시 하늘 높이 부우웅 떠올랐다가 툭 떨어졌다.

"머리카락 한 올 건드리지 않았는데도 울음보부터 터트리는 호영이 녀석도 완전 짜증 나!"

남자아이가 울퉁불퉁 화를 내면서 걸어오더니 또다시 차차를 걷어차려고 발을 뗐다. 이렇게 계속 걷어차이다가는 죽을 수도 있겠다는 생각이 들어 차차는 남자아이의 바짓단을 꽉 움켜쥐었다. 차차의 몸이 바짓단에 대롱대롱 매달렸다.

"넌, 뭐야?"

남자아이의 목소리가 들렸다. 놀란 목소리 같기도 하고, 화가 조금 누그러진 목소리 같기도 했다. 차차는 찔

끔 감고 있던 눈을 서서히 떴다. 그 순간, 남자아이와 두 눈이 딱 마주쳤다.

"아, 안녕!"

목소리가 개미 소리만큼 작게 나왔다.

"거북이가 말을 하네?"

믿어지지 않는다는 듯이 남자아이가 손가락으로 귓구멍을 후비면서 말했다.

"나는 거북이가 아니라 자라야. 무슨 일로 화가 났는지 모르겠지만, 왜 아무 죄도 없는 나한테 화풀이를 하는 거니?"

차차가 목소리를 높여 따져 물었다.

"그, 그게, 그러니까……."

남자아이가 말을 더듬었다.

차차는 남자아이가 생각을 정리해서 말할 때까지 조용히 기다려 주었다.

"나는 네가 길바닥에 뒹구는 돌멩이인 줄 알았어. 정

말이야."

　남자아이가 미안한 표정을 지으며 말했다. 초롱초롱한 눈동자를 보니 나쁜 아이 같지는 않아 보였다.

　"나는 거북이가 아니라 자라야. 이름은 차차고."

　차차가 다시 말했다.

　"아, 미안! 내 눈에는 생김새가 거북이와 똑같아 보여서 그랬어. 내 이름은 마루야."

　마루가 사과를 했다.

"그런데 무슨 일로 그렇게 화가 났니?"

차차가 물었다.

"화분을 깨트린 건 호영이인데 잘 알아보지도 않고 내가 깨트린 거래. 호영이는 두 살 아래 동생이야. 끄떡하면 울고불고 떼를 쓰는 호영이 때문에 오늘처럼 엄마에게 혼난 적이 한두 번이 아니라니깐!"

"그런 상황이라면 나라도 화가 날 것 같네. 화가 나는 게 당연해."

차차는 마치 자기가 당한 일처럼 화를 냈다.

"고마워. 혼자라고 생각했는데 내 편이 있으니까 정말 좋다."

마루가 길가에 핀 코스모스처럼 활짝 웃었다.

"그런데 너는 물속에서 사는 거 아냐?"

마루가 잘 이해가 가지 않는다는 듯이 고개를 갸웃거렸다.

"너 혹시, 환경 초등학교 3학년 3반 조근우라는 아이

알아?"

차차가 앞뒤 생각하지 않고 물었다.

"환경 초등학교는 내가 다니는 학교야. 나도 3학년이고. 그런데 조근우라는 이름은 처음 들어 봐. 왜 그 아이를 찾는 거야?"

마루가 되물었다.

"같은 학교, 같은 학년인데 조근우라는 아이를 모른다니, 말도 안 돼!"

차차는 자신도 모르게 목소리가 커졌다. 아무리 생각해도 잘 이해가 가지 않았다.

"그, 그게, 그러니까…… 워낙 학생 수가 많은 학교라서 같은 반이 아니면 잘 몰라."

"알았어. 내가 직접 학교에 가서 찾아볼게. 어느 쪽으로 가면 환경 초등학교가 나오니?"

차차의 말에 마루가 턱짓으로 오른쪽 길을 가리켰다. 차차는 부랴부랴 오른쪽 길로 몸을 틀었다.

"잠깐, 기다려! 오늘은 학교가 끝나서 텅 비었을 거야."

마루가 차차의 앞을 가로막았다.

차차는 어떻게 해야 좋을지 몰라 그 자리에 우뚝 서 있었다.

"오늘은 우리 집에서 자고, 내일 나랑 같이 학교에 가는 게 어때?"

마루가 다정하게 웃으면서 말했다.

"그러는 게 좋겠다."

차차는 동의한다는 뜻으로 고개를 끄덕였다.

잊어버리기 대장

"적당히 크고, 적당히 먹고, 적당히 조용하고, 적당히 오래 살고, 적당히 키우기 쉽고……."

아침에 눈을 뜬 마루는 스마트폰을 들여다보면서 혼잣말로 중얼거렸다. 마루의 스마트폰 화면에는 등껍질이 동글동글 예쁜 자라 사진과 함께 '자라가 반려동물로 좋은 10가지 이유'가 적혀 있었다.

'앗, 속았다!'

차차의 머릿속이 순식간에 '속았다'는 말풍선으로 가

득 채워졌다. "모르는 사람을 절대 따라가면 안 된다."고 거듭 말하던 아빠의 말풍선도 퐁퐁 떠올랐다.

'수업이 끝나서 학교가 텅 비었다는 그럴 듯한 말로 나를 꾀어서 반려동물로 삼을 생각을 하다니!'

차차는 마루의 속셈을 뒤늦게 알아차린 것이 억울하고 분해서 벽에 머리를 쾅쾅 찧었다. 스마트폰 화면을 뚫어져라 쳐다보고 있던 마루가 깜짝 놀라서 고개를 돌렸다.

"어떻게 나를 납치해서 반려동물로 키울 생각을 해? 마루 너는 비열한 거짓말쟁이야!"

차차는 펄쩍펄쩍 뛰면서 화를 냈다.

"난 또 뭐라고. 그게 아니라 너에게 줄 먹이에 대해 알아보는 중이었어. 어제 저녁부터 아무것도 먹지 못해 배 속이 텅 비어 있을 것 같아서……. 인터넷 지식백과에 민물고기, 민물조개를 먹는다고 나와 있는데, 우리 집에는 없네. 어쩌지?"

마루가 몹시 미안한 표정을 지으며 머리를 긁적였다.

"나는 또 뭐라고. 먹이는 걱정하지 않아도 돼. 나 같은 자라는 몸 전체가 단단한 껍질로 덮여 있어서 춥거나 뜨거운 곳에서도 잘 견딜 수 있고, 1~2년 정도는 아무것도 먹지 않아도 살 수 있을 만큼 끈질긴 생명력을 가지고 있거든."

차차가 뽐내듯이 말했다.

"휴, 그것 참 다행이다."

걱정거리가 사라지자, 마루가 대낮처럼 환하게 웃으면서 한숨을 내쉬었다. 송곳처럼 곤두서 있던 차차의 마음도 물풀처럼 흐물흐물 풀어졌다.

"아이들 발에 밟히지 않게 조심해. 어려운 일이 생기면 3학년 5반 교실로 오면 돼."

3학년 3반 교실 앞에서 마루와 헤어졌다. 차차는 엉금엉금 걸어서 교실 안으로 들어갔다. 걸을 때마다 어제

마루한테 걷어차인 자리가 저릿했다. 마루가 몹시 미안해하며 얼음주머니를 배와 엉덩이에 얹어 주었지만 그다지 효과가 있는 것 같지 않았다. 차차는 아픈 몸을 이끌고 교실 이곳저곳을 살펴보았다. 조근우를 찾기 위해서였다.

쓰레기통 앞을 지날 때는 고약한 냄새가 코를 찔러 숨쉬기를 잠시 멈춰야 했다. 나란히 놓여 있는 세 개의 화분을 지나자 분실물 상자가 눈에 뜨였다. 연필, 지우개, 자, 수첩, 색종이, 가위, 부러진 크레파스, 야구공처럼 동그랗게 말린 양말이 주인을 기다리고 있었다. 차차는 '조근우'라는 이름 스티커가 붙어 있는 물건부터 찾았다.

"하긴, 이름 스티커가 붙어 있다면 분실물 상자 안에서 자리를 차지하고 있을 리가 없지."

구시렁거리면서 자리를 옮겼다. 조금 있으니까 우당탕탕! 아이들 발소리가 들려왔다. 차차는 선생님 책상 아래로 냉큼 몸을 숨겼다. 교실 안으로 아이들이 우르르

들어왔다. 누가 조근우인지 알 수가 없었다.

"또? 조근우 너는 어떻게 된 아이가 매일 숙제와 준비물을 잊어버릴 수가 있니!"

'조근우'라는 이름이 들리자 차차의 두 눈이 번쩍 떠졌다. 깜빡 잠이 든 모양이었다. 근우가 선생님 앞으로 불려 나와 야단을 맞고 있었다. 한두 번이 아닌 듯했다. 책상 아래로 보이는 흰 실내화 앞코에 '조근우'라는 이름 스티커가 붙어 있었다.

"매일 학교와 집은 안 잊어버리고 오고 가는 것이 신기할 정도구나."

선생님이 야단을 하는데도 근우는 발장난을 했다. 실내화 속에서 열 개의 발가락이 꼼지락거렸다. 선생님의 폭풍 잔소리가 끝없이 이어졌다.

"너한테 말해 봤자 내 입만 아프지……."

선생님이 혀를 끌끌 차면서 손사래를 쳤다. 그만 자리로 돌아가라는 뜻 같았다. 근우는 자리에 앉자마자 시

 무룩하던 표정이 장난스럽게 싹 바뀌면서 짝꿍과 손장난을 시작했다.
 근우 자리는 태풍이 휩쓸고 간 바닷속처럼 어수선했다. 책가방, 우산, 모자, 체육복, 교과서, 공책, 연필, 지우개, 자…… 어지럽게 널려 있는 물건마다 '환경 초등

학교 3학년 3반 조근우'라는 이름 스티커가 붙어 있었다.

연필 끝을 잘근잘근 씹는 아이, 코딱지를 파서 교과서에 붙이는 아이, 지우개 똥을 동글동글하게 뭉쳐서 튕기는 아이……. 교실 안 풍경은 바다 학교와 똑같았다. 선생님의 잔소리와 따분한 수업까지도 똑같았다.

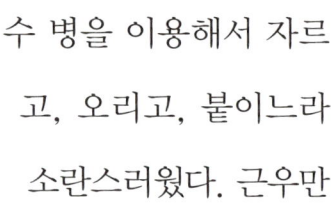

환경 초등학교
3학년 3반

과학 시간에는 아이들이 물로켓을 만드느라 왁자지껄했다. 버려진 플라스틱 음료수 병을 이용해서 자르고, 오리고, 붙이느라 소란스러웠다. 근우만

손을 놓고 있었다. 준비물을 안 챙겨 온 모양이었다.

아이들은 물로켓을 완성하고 운동장에서 발사 실험을 했다. 발사에 성공한 아이들은 서로 자신이 만든 물로켓의 속도가 가장 빠르다며 티격태격했다.

"우아! 굉장하다."

창가에서 구

경하던 차차는 자신도 모르게 환호성을 질렀다. 과학 시간이 끝나고 점심시간을 알리는 종소리가 울리자 아이들이 고등어 떼처럼 우르르 교실을 빠져나갔다. 점심시간을 기다리고 좋아하는 모습도 바다 학교 아이들과 똑같았다.

"영차, 영차!"

아이들이 없는 틈을 타서 차차는 근우의 책가방으로 오르기 시작했다. 팔걸이를 잡고 한 걸음 한 걸음 올랐다. 등산을 하는 것처럼 숨이 차고 힘들었지만 포기하지 않고 오른 덕분에 지퍼가 열린 책가방 안으로 몸을 던질 수 있었다.

전복이 파먹은 다시마처럼 너덜너덜해진 공책, 빈 과자 봉지, 꼬질꼬질한 고무 딱지, 끈적끈적하게 바닥에 눌어붙은 캐러멜, 코를 푼 휴지, 곰팡이가 핀 빵조각까지 책가방 안도 책상 주변처럼 물건들이 뒤엉켜 뒤죽박죽이었다. 눈으로 보는 것만으로 어질어질 현기증이 날 것 같은 데다 쿰쿰한 냄새까지 코를 찔렀다. 참다못한 차차는 목을 길게 늘려 가방 밖으로 고개를 내밀었다.

학교가 끝나자 근우가 가장 먼저 교실을 빠져나갔다. 신발장에서 운동화를 꺼내어 신는 둥 마는 둥 뒤축을 구겨 신은 다음 쌩 하고 달려갔다. 학교 앞 문방구에서 달리기를 멈춘 근우는 뽑기통에 찰싹 달라붙었다. 운동화도 제대로 못 신고 달려온 이유를 알 것 같았다. 다른 아이들보다 먼저 뽑기통을 차지하기 위해서였다. 근우는 누가 쫓아오기라도 하는 것처럼 부랴부랴 주머니를 뒤져서 백 원짜리 동전 두 개를 넣었다.

"드르륵드르륵!"

뽑기통 손잡이를 돌리자 또르르르 공룡알이 빠져나왔다. 근우는 공룡알을 땅바닥에 탁 내리쳤다. 그러자 공룡알이 쩍 갈라지면서 머리에 뿔이 세 개 달린 공룡이 나왔다.

"에잇, 트리케라톱스잖아!"

원하는 공룡이 아니어서 기분이 상한 근우가 공룡알과 함께 머리에 뿔이 세 개 달린 공룡을 발로 꽝꽝 밟았다. 플라스틱으로 만들어진 공룡알과 공룡은 와자작 비

명을 지르면서 쿠키처럼 바삭바삭 부서졌다.

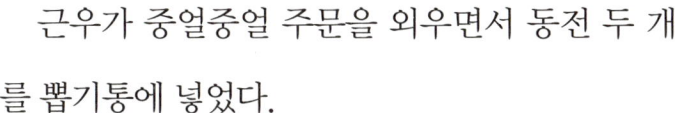

"이번에는 제발 티라노사우르스가 나와랏!"

근우가 중얼중얼 주문을 외우면서 동전 두 개를 뽑기통에 넣었다.

"드르륵드르륵!"

뽑기통 손잡이를 돌리자 또르르르 공룡알이 빠져나왔다. 근우는 공룡알을 땅바닥에 내리쳤다. 그러자 공룡알이 갈라지면서 목이 긴 공룡이 나왔다.

"에잇, 브라키오사우루스잖아!"

이번에도 원하는 공룡이 아닌 모양이었다. 기분이 상한 근우가 공룡알과 함께 목이 긴 공룡을 발로 밟자 플라스틱으로 만들어진 공룡알과 공룡은 와자작 비명을 지르더니 쿠키처럼 바삭바삭 부서졌다.

"나도 민기가 뽑은 티라노사우르스가 갖고 싶다고!"

근우가 씩씩거리면서 뽑기통을 발로 걷어찼다. 차차도 뽑기를 좋아하기 때문에 근우의 마음이 이해가 갔다. 하지만 마음에 안 든다고 공룡알을 함부로 부수는 모습에 화가 부글부글 끓었다.

"드르륵드르륵!"

근우가 또 뽑기통 손잡이를 돌렸다. 또르르르 공룡알이 빠져나왔다. 이번에도 근우는 공룡알을 땅바닥에 탁 내리쳤다. 그러자 공룡알이 쩍 갈라지면서 날카로운 이빨과 발톱을 가진 공룡이 나왔다.

"앗싸! 티라노사우르스다!"

근우가 좋아서 펄쩍펄쩍 뛰었다. 원하는 공룡을 뽑게 되자, 기분이 좋아진 근우는 남은 돈으로 요구르트를 한 병 샀다. 계산을 하면서 빨대를 한 주먹 집었다. 하나씩 하나씩 빨대 포장지를 벗겨 바닥에 버렸다. 한 주먹의 빨대를 요구르트 병에 꽂아 쪽쪽 빨아먹은 다음 빈 병을 아무렇지 않게 휙 던졌다. 플라스틱으로 만들어진 요구르트 병이 데구르르 굴러갔다.

근우가 책가방의 지퍼를 끝까지 내리지 않은 탓에 벌어진 틈새로 차차는 이 모든 광경을 지켜볼 수 있었다.

행운의 초대장

　근우가 구겨 신은 운동화를 슬리퍼처럼 바닥에 질질 끌 때마다 칠판을 손톱으로 긁을 때 나는 높고 날카로운 소리가 났다. 책가방 안은 물건들이 엎치락뒤치락, 뒤죽박죽 섞인 탓에 쓰레기장 같았다. 사나운 파도가 몰려와서 바닷속이 발칵 뒤집혔을 때도 끄덕하지 않았는데, 근우의 책가방 안에서는 심한 멀미가 났다.
　"학교에 뭐, 놓고 온 것 없어? 학원 버스에서 내리기 전에 앉았던 자리 살펴봤어? 엘리베이터에서 내릴 때

뒤돌아보는 것 잊지 않았지?"

근우가 현관문을 열고 들어서자마자, 근우 엄마의 질문 3종 세트가 쏟아졌다.

"나도 몰라!"

구겨 신은 운동화를 훌러덩 벗어 던지면서 근우가 집 안으로 들어섰다. 운동화 한 짝은 현관문 앞에, 나머지 한 짝은 거실 한가운데 떨어졌다. 근우는 냉장고 문부터 열었다. 먹다 남은 피자를 꺼내 한 입 크게 베어 물었다. 피자에서 맛있는 냄새가 솔솔 풍겼다. 차차는 자신도 모르게 침을 꼴깍 삼켰다.

"퉤, 식은 피자는 맛없어!"

근우가 한 입밖에 안 먹은 피자를 싱크대에 버렸다. 거실로 걸어가면서 어깨에 걸쳐 있던 책가방을 소파로 휙 던졌다. 책가방은 소파 팔걸이를 맞고 바닥에 떨어졌다. 가방이 벌어진 틈새로 고개를 내밀고 있던 차차는 미처 몸을 피하지 못해 밖으로 튕겨 나가 날치처럼 날아서 소파 위에 떨어졌다. 소파가 푹신해서 천만다행이었다. 엉금엉금 소파를 기어 내려온 차차는 가장 가까운 방 안으로 몸을 숨겼다. 근우 방이라는 걸 한눈에 알아볼 수 있었다. 책가방 안의 모습과 똑같았다.

근우가 허물을 벗듯 걸치고 있던 옷을 하나씩 벗으면서 방을 향해 걸어왔다. 가장 먼저 티셔츠가 식탁 의자 밑에 떨어졌다. 거실 한가운데는 뒤집힌 양말 한 짝이, 나머지 한 짝은 방 문턱에 떨어졌다. 바지를 벗을 때는 주머니에 넣어 두었던 티라노사우르스가 바닥에 툭 떨어졌다. 그토록 원하던 공룡인데도 근우는 눈길도 주지 않았다. 벌써 싫증이 난 모양이었다.

"필통 챙겼어? 숙제 챙겼어? 실내화 챙겼어? 준비물 챙겼어? 책가방 챙겼어?"

아침이 되자, 근우 엄마의 질문이 5종 세트로 늘었다. 그것으로도 못 미더운지 현관문 앞까지 따라 나와서 책가방, 필통, 공책, 교과서, 운동화, 실내화, 우산, 목도리, 점퍼……. 이름 스티커가 잘 붙어 있는지 꼼꼼하게 확인했다.

"이름 스티커 지겨워 죽겠어!"

근우가 투덜거렸다.

"근우 너는 이름 스티커에 고마워해야 해. 이름 스티커가 아니었으면, 우리 집은 벌써 거덜 났을 거야. 너한테 필요한 물건을 사느라 한 푼도 저축할 수 없었을 테니까 말이야. 책가방만 해도 그래. 벌써 스물여덟 번이나 잃어버렸잖니. 이름 스티커 덕분에 매번 돌아왔기에 망정이지. 그럴 때 보면 세상은 아직 따듯하고 살 만하다는 생각이 든다니까."

근우 엄마는 '아직 살 만한 세상'이라는 말로 끝을 맺는 듯했다.

"곰돌이 수첩처럼 잃어버렸다가 되찾기를 되풀이하다가 결국 잃어버린 물건들도 셀 수 없이 많잖아. 그 곰

돌이 수첩은 엄마가 보자마자 한눈에 반해서 비싼 값을 치르고 샀던 거라 그런지 떠올릴 때마다 속이 쓰리다니까. 그 일로 깨달았지. 근우 너한테는 예쁘고 값비싼 물건을 사 주면 안 되겠구나 하고 말이야."

말을 마친 줄 알았던 근우 엄마의 잔소리가 계속 이어졌다. 그러든지 말든지 근우는 운동화에 발을 끼우고 집을 나섰다. 어제처럼 뒤축을 구겨 신은 채로.

"아들, 엘리베이터에서 내릴 때, 두고 내리는 물건이 없는지 뒤돌아보는 것 잊지 마!"

엘리베이터 앞까지 근우 엄마의 잔소리가 따라왔다.

'입이 커서 말이 많은 걸까?'

차차는 마음속으로 생각했다.

"띵동!"

엘리베이터 문이 열리자마자 근우가 물로켓처럼 튕겨 나갔다. 엘리베이터에서 내릴 때 두고 내리는 물건이 없는지 뒤돌아보라고 했던 엄마의 말을 벌써 잊어버린

모양이었다.

학교가 가까워지자 근우의 발걸음이 빨라졌다. 근우가 문방구를 향해 뛰기 시작했다. 어제처럼 문방구 앞에 놓여 있는 뽑기통 앞에 오징어 빨판처럼 찰싹 달라붙었다. 주머니를 뒤져서 백 원짜리 동전 두 개를 넣은 다음 돌려 감기처럼 어제와 똑같은 과정을 되풀이했다. 자신이 그토록 원하던 티라노사우르스를 뽑았다는 사실을 잊어버린 것 같았다. 차차는 근우를 더 이상 두고 볼 수 없었다. 등껍질 속에서 바다를 떠나올 때 만들어 온 초대장을 꺼냈다.

"에잇!"

이번에도 마음에 들지 않은 공룡이 나오자, 캡슐과 공룡을 짓밟으려고 할 때 차차가 나섰다.

"잠깐! 나는 차차라고 해. 동해 용왕님이 보낸 초대장을 배달하러 왔어."

"동해 용왕?"

잘 못 들은 줄 알았는지 근우가 다시 물었다.

"바다에는 동서남북 네 바다를 지키는 네 명의 용왕님이 계셔. 동해 용왕님은 동해 바다를 지키는 용왕님이시지. 내 생각에는 네 명의 용왕님 중에 가장 지혜롭고 힘이 센 것 같아."

차차가 어깨를 으쓱하며 초대장을 내밀었다. 근우가 받자마자 초대장을 펼쳐보았다.

행운의 초대장

자라를 따라 용궁에 오면 산과 바다에서 나오는
맛있는 음식을 배부르게 먹게 해 주겠음.
이 행운의 초대장을 받은 인간은 조근우가 처음임.

해수욕장의 모래알처럼 수많은 인간 중에 행운의 초대장을 받은 사람이 처음이라는 말에 심장이 쿵 떨어지는 것 같았다. 팔랑거리는 나뭇잎처럼 마음이 흔들렸다.

"흥! 맛있는 음식은 이곳에도 넘쳐 나거든. 편의점이나 동네 마트만 가도 전 세계 과자와 과일, 생선, 고기가 진열장에 빽빽하게 쌓여 있어. 이곳이 얼마나 살기에 좋다고!"

근우가 콧방귀를 뀌면서 말했다. 사실 근우의 말은 거짓말이었다. 한 번도 배를 곯아 본 적이 없을 만큼 음식은 넘쳐났지만, 마음이 편하지 않았다. 집에서는 물건 잃어버리지 말라는 엄마의 잔소리에 귀가 따갑고, 학교에 가면 숙제나 준비물 때문에 매일 선생님한테 혼나고, 공부도 지겹고, 시험 성적이 나온 날은 사라져 버리고 싶은 적이 한두 번이 아니었다. 중간고사를 치른 뒤에는 일주일이나 엄마를 슬금슬금 피해 다녀야 했다.

"공부 못하면, 어른이 돼서 가난하게 산다니까!"

며칠 전에는 시험 성적 때문에 엄마에게 협박까지 받은 상태였다. 그런저런 이유로 두 다리를 쭉 뻗고 마음

편하게 잠을 잔 적이 언제인지 기억이 가물가물했다. 하지만 이런 속사정을 바다에 사는 자라가 알까 싶어서 거짓말을 한 것이었다.

차차는 허풍을 떠는 근우가 괘씸했지만 속마음을 드러내지는 않았다. 차차는 목소리를 점잖게 가다듬은 다음, 말을 꺼냈다.

"사실은 동해 용왕님이 지혜로운 신하를 찾고 있단다. 어떻게 아셨는지 용왕님이 땅 위에 사는 인간 중에 네가 제일 똑똑하다면서 나를 보냈지. 얼마나 똑똑하면 용왕님의 귀에까지 소문이 들어갔겠니? 얼마 전에 수정으로 새 궁전을 지었는데 으리으리하고 번쩍번쩍해. 용왕님의 신하가 되면 수정궁에서 좋은 옷과 좋은 음식을 먹으며……."

동해 용왕이 혼쭐을 내려고 벼르고 있다는 진실을 감추기 위해 차차는 달콤한 말로 근우를 꼬드겼다. 특히 온갖 수정과 황금으로 만든 새 궁전에 대해 입에 침이

마르도록 자랑을 했다.

  하지만 근우의 귀에는 '똑똑하다'는 말만 콕 박혔다. 자라의 입에서 근우를 가리켜 똑똑하다는 말이 나올 때 솔깃했다. 너무나 좋아서 입이 귀에 걸릴 뻔했다. 입꼬리가 올라갈까 봐 온 힘을 다해서 입술을 앙다물기까지 했다.

  솔직히 근우는 자신이 바보가 아닌지 걱정을 하고 있었다. 물건 잃어버리기를 밥 먹듯이 하고, 전날 학교에서 배운 내용을 다음 날 아침이면 어김없이 기억을 못했기 때문이다. 무엇보다 가난한 어른으로 살게 되느니 용왕의 똑똑한 신하 대접을 받으면서 큰소리 떵떵 치며 사는 편이 백 배는 더 나을 것 같았다.

  "그래, 좋아!"

  근우는 용궁으로 가겠다고 결심했다.

꿈과 희망을 품고 용궁으로

"어서 내 등에 올라타!"

우물쭈물하다가 마음이 변할까 봐 차차는 근우의 팔을 덥석 잡아 등에 태우고 용궁을 향해 전속력으로 헤엄쳤다.

"에게, 수정으로 만든 궁전이 아니라 똥으로 만든 궁전이잖아? 새로 지었다더니 금방이라도 허물어질 것 같은 데다 똥냄새까지 진동하는걸?"

차차를 따라 궁전 앞에 다다른 근우가 코를 감싸 쥐

며 툴툴댔다. 수정궁의 모습을 본 차차 역시 당황스럽기는 마찬가지였다. 눈이 부셔서 맨눈으로 똑바로 쳐다볼 수도 없던 모습은 온데간데없고 거무스름하고 칙칙한 이끼로 뒤덮여 있었다.

쓰레기를 함부로 버린 탓에 동해 용왕 앞으로 끌려왔다는 사실을 까마득히 모르는 근우는 차차의 기분은 아랑곳하지 않고 투덜거렸다.

"네 이놈! 네가 함부로 쓰레기를 버린 탓에 바다가 오염되고, 바닷속에 사는 생물들이 시름시름 앓다가 죽어 가고 있다! 네 죄를 아느냐!"

용왕이 근우를 보자마자 크게 호통을 쳤다. 그제야 근우는 자라의 꾀에 속아서 혼쭐이 날 위기에 처해 있다는 사실을 깨달았다.

"자, 잘못했어요! 하, 한 번만 용서해 주세요. 앞으로는 절대 쓰레기를 함부로 버리지 않을게요……."

용왕의 호통 소리에 놀란 근우가 납작 엎드리며 잘못

을 빌었다. 근우의 목소리가 덜덜 떨렸다.

"거울에 내 얼굴을 비춰 보기라!"

용왕이 손가락을 팅기자, 보름달처럼 동그란 거울이 나타났다. 근우는 발발 떨면서 무릎걸음으로 기어서 거울 앞으로 갔다. 용왕의 명령대로 거울에 얼굴을 들이댔다. 그러자 신기하게도 땅 위에 있는 자신의 모습이 보였다. 뽑기 캡슐을 발로 쾅쾅 밟고, 요구르트 병을 함부로 버리고, 다 쓰지도 않은 공책을 휴지통에 던지고, 운동화를 구겨 신고…….

"똑똑히 보아라. 이 물건들이 그동안 네가 버린 물건들이다."

용왕이 또다시 손가락을 팅기자 산더미처럼 쌓인 쓰레기 더미가 나타났다. 쓰레기 더미를 본 근우의 얼굴은 '난 이제 죽었구나!'라고 말하는 것 같았다.

"바닷속에 사는 생물들이 네가 버린 쓰레기로 아파하는 모습을 더 이상 지켜볼 수가 없다. 그러니 네가 버린 쓰레기는 네가 먹어 치우도록 해라!"

화가 난 용왕의 목소리가 벼락처럼 내리꽂혔다.

"어떻게 쓰레기를 먹어요? 먹을 수도 없지만, 이 많은 쓰레기가 배 속에 들어가면 죽을 거예요. 하나뿐인 목숨인데……. 흐흥!"

근우가 울음을 터트렸다.

"네 녀석 생명만 소중하고, 바닷속 생물들의 생명은 소중하지 않은 줄 아느냐! 누구에게나 생명은 하나뿐이다. 그렇기 때문에 생명의 무게는 모두 같다."

눈물과 콧물로 범벅이 된 근우를 보자, 마음이 누그러진 용왕이 타이르듯이 말했다.

"너의 목숨은 살려주겠다. 그 대신, 눈에 보이지 않을 만큼 작은 미생물이 되어 살아 보거라."

용왕이 손가락을 튕기자, 근우의 몸이 깃털처럼 가볍게 붕 떠올랐다. 근우는 물고기처럼 두 팔, 두 다리를 버둥거리면서 전속력으로 궁전을 도망쳤다. 바닷속이 깜깜해서 어디가 어딘지 알 수 없었다. 그때, 근우의 눈에 희미한 불빛이 보였다. 불빛을 보자 지쳐 있던 팔다리에 힘이 솟구치는 것 같았다. 온 힘을 다해 불빛을 향해 헤엄쳤다.

근우가 도착한 곳은 병원이었다. 도란도란 말소리를 따라 계속 헤엄치자 병실이 나타났다. 뜻밖에도 차차의 모습이 보였다.

"점박아, 오목아, 삐뚤아, 깐깐아, 툴툴아, 비실아, 먹보야. 괜찮아? 수염고래 선생님도 좀 어떠세요?"

차차가 침대에 누워 있는 물고기들과 인사를 나누고 있었다.

"뾰족한 가시가 박힌 것처럼 몸 구석구석이 쿡쿡 쑤시고 아파 죽겠어!"

차차를 보자마자 툴툴이가 투덜댔다.

"어, 어, 어…… 안 돼!"

눈에 보이지 않을 만큼 작아진 근우는 툴툴이의 입속

으로 훅 빨려 들어가고 말았다. 빨려 들어가지 않으려고 안간힘을 썼지만 소용이 없었다. 마침내 할 말을 마친 툴툴이는 입을 꾹 다물었다. 근우는 툴툴이의 입안에 갇힌 신세가 되었다. 무엇을 먹은 것인지 입안에서 썩은 냄새가 코를 찔렀다. 근우는 목구멍을 향해 헤엄치기 시작했다.

 식도를 타고 아래로 내려가자 넓은 공간이 나왔다. 툴툴이의 위장에 도착한 모양이었다. 위장은 꽤 넓었다. 그런데 구부러진 빨대, 낡은 칫솔, 과자 봉지, 새것처럼 보이는 볼펜, 녹슨 나사못과 같은 쓰레기로 가득 차 있었다.

 "이러니 아플 수밖에……."

 근우의 입에서 저절로 한숨이 새어 나왔다. 근우는 툴툴이의 몸 구석구석을 돌아다녔다. 근육으로 보이는 탄탄한 벽이 나타났다. 빨강, 파랑, 노랑, 보라, 분홍, 초록, 검정…… 알록달록한 돌멩이들이 군데군데 박혀 있었다. 마치 크리스마스 트리를 장식할 때 걸어두는 꼬마 전구를 켠 것 같았다. 근우는 초록색 돌멩이를 만져 보았다.

"아얏!"

살짝 손을 댄 것뿐인데도 툴툴이가 아픈지 비명을 질렀다. 자세히 들여다보니 작은 플라스틱 조각이었다. 숨을 내쉬고 들이쉴 때마다 피부 속을 파고드는 것 같았다.

"이러니 아플 수밖에……."

중얼거리면서 피부 속에 박힌 플라스

틱 조각을 힘껏 잡아당겼다. 잘 빠져나오지 않아 한참을 낑낑거리면서 실랑이를 한 끝에야 뺄 수 있었다. 툴툴이가 아프다면서 침대 위에서 데굴데굴 굴렀다. 근우의 몸이 이리저리 쏠렸다. 마치 돌아가는 믹서기 안에 들어 있는 것 같았다. 근우는 정신을 잃고 말았다.

"미세 플라스틱은 아주 작은 플라스틱을 가리키는 말이란다. 크고 작은 플라스틱 쓰레기가 바다로 흘러 들어와 시간이 지나면서 깨지고 부서져 작아진 것이지. 과학자들은 이미 전 세계 바다를 떠다니는 미세 플라스틱의 양이 어마어마하다고 추정하고 있단다."

굵고 큰 어른 목소리에 근우가 겨우 정신을 차렸다.

"플라스틱으로 고통 받고 있는 친구

들과 선생님이 너무 안됐어요. 인간은 자신들이 함부로 버린 쓰레기로 우리 같은 바다 생물들이 위험하다는 걸 모르겠죠?"

차차의 목소리였다. 아마도 의사 선생님과 이야기를 나누고 있는 모양이었다.

"그건 인간도 마찬가지야. 학교에서 먹이사슬에 대해 배웠지? 플랑크톤과 작은 물고기들이 미세 플라스틱을 먹이로 착각해서 먹게 되고……."

툴툴이가 몸을 뒤척이는 바람에 의사 선생님의 말이 잠깐 끊겼다.

"이후 몸집이 좀 더 큰 물고기들이 플랑크톤과 작은 물고기를 잡아먹지. 먹이사슬에 따라 새우, 홍합, 굴, 꽃게, 고등어, 참치, 오징어 같은 인간이 즐겨 먹는 해산물의 몸에도 미세 플라스틱이 쌓이게 된단다. 나의 가장 친한 친구이면서 바다 생태학자인 돌고래 박사의 말에 의하면 바다 생물은 물론이고, 땅 위의 생물들까지 모든 살아 있는 생물은 미세 플라스틱의 영향을 받을 수 있다고 해. 내 생각도 마찬가지야."

의사 선생님이 차차가 알아듣기 쉽게 천천히 말했다.

"미세 플라스틱이 인간의 몸에 쌓이면, 죽게 되나요?"

차차가 또박또박 물었다.

"아직은 연구 중이라서 뭐라고 말해 줄 수가 없구나. 하지만 미세 플라스틱으로 우리 병원에 입원해 있는 바다 생물을 살펴봤을 때는 몸에 상처도 있고, 장이 막혀서 음식물이 지나가지 못하고, 음식물을 소화 시키는 과정에서 나쁜 산소가 많아지기도 하고, 똥을 누는 것이 힘들어지고, 영양 균형이 무너져서 몸에 힘이 없더구나.

무엇보다 큰 문제는 먹보처럼 몸이 잘 자라지 못하고, 수염고래 선생님처럼 아기를 잃거나 임신이 안 되어 번식 장애를 겪게 되지. 그런 의미에서 미세 플라스틱이 쌓인 해산물을 먹은 인간도 안전하지만은 않을 게다."

"정말 심각하네요."

차차가 대답하는 목소리가 들렸다. 근우는 자신의 몸 속 어딘가에도 미세 플라스틱이 박혀 있을지 모른다는 생각에 몸을 부르르 떨었다. 바다 생물들이 겪는 아픔이 머지않아 자신의 아픔이 될지도 모른다는 생각이 들자 고개를 세차게 저었다. 할 수만 있다면, 미세 플라스틱을 만들어 냈던 자신의 행동을 지워 버리고 싶었다.

근우는 그동안 자신의 행동을 깊이 반성했다. 물건을 함부로 쓰고, 쓰레기를 생각 없이 버리고, 물건이나 음식에 대해 금세 싫증을 낸 일이 후회되었다. 그렇게 생각하니 자신을 속여서 용궁에 데려온 차차와 몸집을 작아지게 만든 동해 용왕에게 화났던 마음도 아이스크림 녹듯이 녹아 내렸다. 오히려 미안한 마음에 고개를 들지 못할 것 같았다. 반성의 눈물이 주르륵 흘러내렸.

그때였다.

"근우야, 피아노 학원도 빼먹고 여태 잔 거야?"

엄마가 근우를 흔들어 깨웠다. 눈을 떠 보니, 바닷속 풍경은 감쪽같이 사라지고 침대 위에 누워 있었다. 깜빡 잠이 든 모양이었다.

> 과학 지식 한 뼘 키우기

플라스틱이 왜 문제가 되는 걸까요?

사람들이 플라스틱을 만들어 사용하기 시작한 것은 약 100년 전부터예요. 플라스틱을 처음 만들었을 때는 가볍고, 싸고 튼튼해서 너무 좋았지요.

그런데 문제가 생겼어요. 비싸지 않으니 사람들은 쉽게 사고, 금방 버렸어요. 처음에는 세숫대야나 물컵 같은 것을 플라스틱으로 만들었다면, 시간이 지나면서 많은 물건을 플라스틱으로 만들기 시작했죠. 주위를 조금만 둘러보면 플라스틱으로 만든 물건을 발견할 수 있을 거예요. 필통, 책꽂이, 물티슈, 컴퓨터 키보드, 슬리퍼, 욕실 의자, 생수병, 빨대, 비닐봉지 등등. 정말 놀랍죠?

플라스틱은 거의 썩지 않아요

　사람들이 사용한 쓰레기를 처리하려면 대부분 땅에 묻거나 태우는 방법을 사용해요. 그런데 플라스틱은 거의 썩지 않아요. 비닐봉지 하나가 분해되는 데 걸리는 시간이 500년 이상이니까요. 플라스틱은 대부분 땅에 묻지 못하고 태울 수밖에 없어요. 그런데 플라스틱을 태우면 발암물질과 환경호르몬이 무척 많이 생긴답니다. 이런 물질이 공기 중에 흩어져 세상을 돌아다니며 결국 사람이 호흡할 때 몸속으로 들어올 수 있어요. 또 땅에 묻는다고 해도 땅속에서 화학물질을 뿜어내기 때문에 미생물들이 제대로 살지 못하고 땅의 환경이 오염되지요.

눈에 보이지 않는 플라스틱도 있어요

눈에 보이지 않을 정도로 잘게 쪼개진 플라스틱을 '미세 플라스틱'이라고 해요. 버려진 플라스틱은 이리저리 뒹굴다가 햇볕에 갈라지고 쪼개져서 아주 작아져요. 또 플라스틱 용품에서 가루가 떨어져 나오기도 하지요. 미세 플라스틱이 흙 속으로 들어가면 땅속에 공기가 제대로 통하지 않아 미생물이 살기 어려워져요. 강이나 바다로 흘러갔다가 수돗물로 다시 우리 몸으로 들어올 수도 있고요.

거대한 플라스틱 섬이 있다고요?

대서양이나 태평양처럼 큰 바다에는 플라스틱으로 쓰레기 섬을 이루는 곳이 있어요. 여러 나라에서 쓰고 버린 플라스틱이 해류를 따라 흐르다가 모여 있는 거죠. 각양각색의 플라스틱 쓰레기가 물 위에 둥둥 떠 있어 마치 알록달록한 섬처럼 보인다고 해요. 이 플라스틱은 시간이 지나면서 조각 나 아래로 가라앉고, 그것을 물고기나 플랑크톤이 먹이로 생각하고 먹다가 죽기도 해요. 바닷속의 이산화탄소를 흡수해 산소로 바꿔 주는 플랑크톤이 자꾸 사라지면 지구 환경에도 큰 문제가 생길 수밖에 없어요.

편리하지만 위험한 플라스틱을 어떻게 사용해야 할까요?

우선, 플라스틱은 최소한만 만들고 꼭 필요할 때만 사용해야 해요. 불필요한 일회용 컵이나 물수건, 비닐봉지 대신 머그잔이나 손수건, 장바구니를 사용하는 거죠. 플라스틱 병에 담긴 음료나 생수를 마시지 않는 것도 방법이고요. 하지만 어쩔 수 없이 사용했다면 반드시 분리수거 원칙에 따라 재활용해 플라스틱 쓰레기를 만들지 않는 것이 가장 좋은 방법이에요.

우리를 구해 줘!

초판 1쇄 발행 2022. 5. 15.

글쓴이	조경희
그린이	이갑규
발행인	이상용
발행처	봄마중
출판등록	제2022-000024호
주소	경기도 파주시 회동길 363-15
대표전화	031-955-6031
팩스	031-955-6036
전자우편	bom-majung@naver.com

ISBN 979-11-978051-3-4 73810

값은 뒤표지에 있습니다.
잘못된 책은 구입한 서점에서 바꾸어 드립니다.
본 도서에 대한 문의사항은 이메일을 통해 주십시오.

봄마중은 청아출판사의 청소년·아동 브랜드입니다.